藏在农场里的秘密

[美]唐·亚历山大◎著

[美]塔拉·苏尼尔·托马斯◎绘

潘竞翔◎译

吉林科学技术出版社

吉林省版权局著作合同登记号：
图字 07-2022-0002

图书在版编目（CIP）数据

藏在农场里的秘密 / （美）唐·亚历山大著 ； 潘竞
翔译. -- 长春 : 吉林科学技术出版社，2024.9
（图解万物系列 / 赵渤婷主编）
ISBN 978-7-5744-1073-2

Ⅰ. ①藏… Ⅱ. ①唐… ②潘… Ⅲ. ①农场—儿童读
物 Ⅳ. ①F306.1-49

中国国家版本馆CIP数据核字(2024)第068771号

图解万物系列 藏在农场里的秘密
TUJIE WANWU XILIE CANGZAI NONGCHANG LI DE MIMI

著　　者	[美]唐·亚历山大		开　本	20
绘　　者	[美]塔拉·苏尼尔·托马斯		印　张	5
译　　者	潘竞翔		页　数	100
出 版 人	宛　霞		字　数	80千字
责任编辑	赵渤婷		印　数	1-5 000册
封面设计	长春市吾擅文化传媒有限公司		版　次	2024年9月第1版
制　　版	云尚图文工作室		印　次	2024年9月第1次印刷
幅面尺寸	212 mm×227 mm			

出　　版　吉林科学技术出版社
发　　行　吉林科学技术出版社
地　　址　长春市福祉大路5788号
邮　　编　130118
发行部电话/传真　0431-81629529　81629530　81629531
　　　　　　　　　81629532　81629533　81629534
储运部电话　0431-86059116
编辑部电话　0431-81629520
印　　刷　长春新华印刷集团有限公司

书　　号　ISBN 978-7-5744-1073-2
定　　价　39.80元

版权所有　翻印必究　举报电话：0431-81629508

目　录

农场实践

　　你有没有想过你吃的食物或穿的衣服来自哪里？你脑海里冒出的第一个想法很可能是："我知道，它们是从商店买来的。"在某种程度上，这么想没错，但这并不是它们的最初来源。你听过"农业"这个词吗？农业包括种植业、林业、畜牧业、渔业、副业5种产业形式，为人们带来粮食作物、经济作物、饲料作物和绿肥等。农业影响我们日常生活中的各个方面。

　　人们吃的每一种食物，原材料都是农业产品。比萨饼、汉堡包和饼干都来源于植物或动物，这些植物或动物由农民辛勤地种植、浇水、喂养和照料。鱼类在水中养殖；花卉在苗圃里生长；木材可以用来制作纸张和木制品；动物纤维如绵羊和山羊的毛，以及植物纤维如棉花，都在农场中获得，用于制作衣服、毛毯等。所有这些产品都来自农业。

　　本书教你认识农场里常见的动植物，让你了解日常生活中的物品都来自哪里。例如，你知道蜡笔是用大豆做的，牙膏是用玉米做的吗？还有足球、篮球、棒球和网球的原材料也来自农业。

　　本书还会让你了解农业生产的劳动者，如农民和牧民，了解他们是如何种植植物、饲养动物的。现代社会，一位农民或牧民可以养活160多个人！农业与我们每个人的生活息息相关。农业劳动者不仅制造了我们生活所需的多数产品，还教会了我们有关可持续性、努力创新等方面的重要知识。

　　借助本书中介绍的农业知识和各种有趣的课外活动，你可以像农民伯伯一样思考，了解大自然、农业、动物和植物对你的生活方式的影响，然后开始踏上你的农场探索之旅了！

读者须知

本书分为 20 节课，每节课涉及农业的不同部分。每节课里都有一堂课外活动课和活动日记练习，这些练习可以激发你的兴趣，检验你学到的技能，促使你举一反三。这些课程的目的是帮助你学习知识和了解农牧民的日常工作。

课　程

每节课你都会学习有关农业的重要要素，了解常见动植物的趣味知识点：它们在哪里生活，它们如何生长，以及如何照料它们。这些课程将指导你逐步实现学习目标，并在课外活动中检验你学到的知识。

课外活动

这些课外活动丰富多彩，能点燃你的求知热情，目的是让你灵活应用课堂上学到的知识。有些课外活动像科学实验，有些则像劳动课。所有课外活动都附有浅显易懂的说明和提示，如果你遇到困难，可以打开这些小"锦囊"。每堂课外活动课都附有一份材料列表，如果看到"安全警示"，千万要小心谨慎！这些警示语是安全完成课外活动的重要注意事项。

活动日记

每节课和课外活动结束后，你都需要在日记中写下刚刚学过的内容。你可以使用各种笔记本或纸张记录你的观察结果，也可以使用电脑或手机。日记部分会提出一些问题，引导你进行写作练习。你也可以针对课外活动提出各种问题，把这些问题记录下来，并在日记中回答。

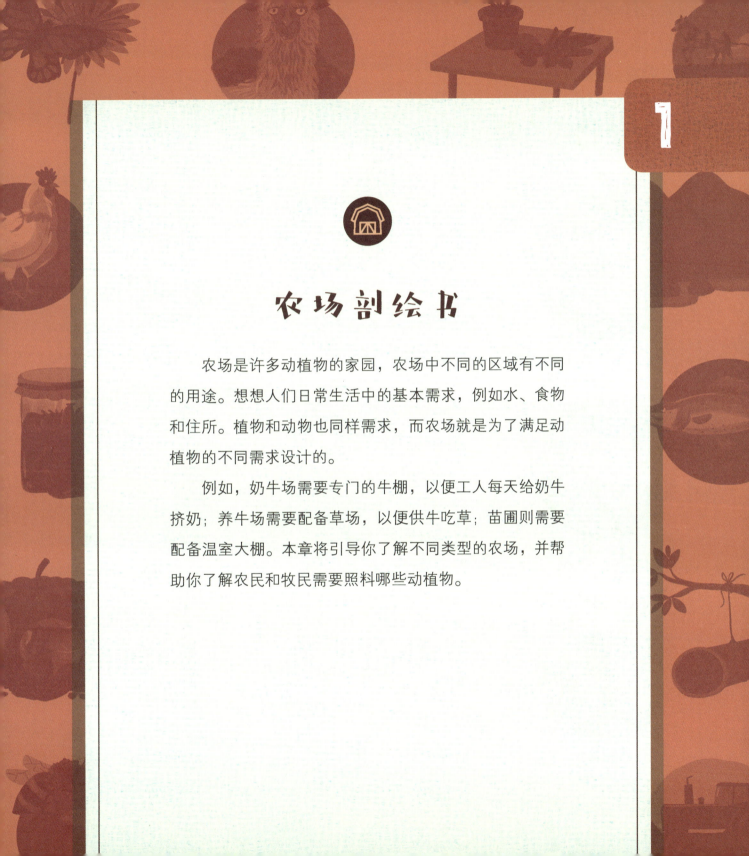

农场剖绘书

　　农场是许多动植物的家园，农场中不同的区域有不同的用途。想想人们日常生活中的基本需求，例如水、食物和住所。植物和动物也同样需求，而农场就是为了满足动植物的不同需求设计的。

　　例如，奶牛场需要专门的牛棚，以便工人每天给奶牛挤奶；养牛场需要配备草场，以便供牛吃草；苗圃则需要配备温室大棚。本章将引导你了解不同类型的农场，并帮助你了解农民和牧民需要照料哪些动植物。

农场动物住在哪里?

养蜂

水产养殖

乳制品

农场是指农业生产单位或生产企业,以从事农业生产或畜牧养殖为主,经营各种农产品和畜牧产品,根据饲养的动物种类不同,分为许多不同的类型。

养蜂:又称"放蜂"。饲养蜜蜂的农民称为"养蜂人"。许多蜜蜂都会酿蜜和分泌蜂蜡,蜂蜡用来贮存蜂蜜和花粉。蜜蜂还可以帮助种植业农民为植物授粉(授粉是昆虫帮助植物结成果实的一种方式),养蜂人有时会把蜜蜂租给种植业农民。

水产养殖:水产养殖场养殖鱼类、贝类、水生植物和其他生物。淡水水产养殖产品包括鱼、虾和其他淡水生物、淡水经济植物。从事海水水产养殖的人们在海涂、浅海和港湾中养殖牡蛎、贻贝、蛤蜊、虾、海藻和其他咸水生物。

乳制品:奶场饲养生产牛奶或羊奶的动物,这些牛奶、羊奶可以制成奶酪、酸奶、黄油和其他乳制品。大多数奶场都有奶牛,也有一些奶场饲养绵羊和山羊以采集乳汁。

家畜：家畜是饲养在农场里的动物，具有独特的经济效益并能满足人类的需求。这些动物包括绵羊、山羊、兔子、猪、牛、野牛、美洲驼和羊驼等。它们通常被圈养在围栏或大牧场中，人们会用栅栏把这些地方围起来，由农民或牧民统一喂养。

家禽：一些农场饲养鸡、火鸡、鸭、鹅和其他鸟类（如鹌鹑和鸵鸟），以获取禽肉、蛋和羽毛。鸡是最常见的家禽，为生蛋而饲养的鸡叫蛋鸡，为产肉而饲养的鸡叫肉鸡。

现在，你对不同类型的农场有了一定了解，接下来了解一下农场的农民是如何照料动物的。动物和人类一样，需要舒适的居住环境，农场是它们的庇护所。有些动物，如奶牛在适宜的气候条件下，全年都会在户外活动。其他农场动物需要生活在温暖干燥的地方，如畜棚和棚屋。

畜棚：畜棚是占地面积较大的庇护所。除了保护动物不受寒风和雨水的侵袭，一些畜棚还规划了储存动物食物的区域。

鸡舍：鸡生活在鸡舍里。鸡舍可以保护鸡不受到浣熊、臭鼬、猫头鹰和其他捕食者的侵害，是它们产蛋、栖息的舒适家园。

家畜

家禽

棚屋：通常比畜棚小，一般四面都是开放的，只盖一个屋顶遮挡雨雪，保持干草干燥。与库房一样，棚屋也可用来存放农业机械。小型农场动物，如猪、羊和小牛犊，可以圈养在棚屋里。

动物需要固定的休息和活动场所，一般称为饲养区和放牧区。牛、羊等在草地上觅食，这种草地叫作牧场；冬天，农民和牧民给它们喂干草。农民用较小的喂食槽给猪和鸡喂谷物，还需要给农场动物喂食特殊的维生素和矿物质，帮助它们变得更强壮。农民一般把谷物存放在高且圆的金属塔中，称为筒仓。

趣味知识点

许多农场，如《绿野仙踪》中的农场，都有风车。风车有风帆或叶片，会随风旋转，这种运动会产生能量。风车可以利用风能抽水，供动物饮用。

搭建鸟舍

时间
1 小时

类别
创意，设计和建造

材料
约 2 升容量的牛奶盒，清洗干净，完全晾干
钢笔或铅笔
美工刀或剪刀
报纸（可选）
彩色记号笔或丙烯酸颜料
工艺漆
钉子
绳线

你刚刚了解到畜棚是动物睡觉和吃饭的地方，也可以存放农民的工具和用品。你可以在家中找到相应的材料，自己动手做一个鸟舍，为附近的鸟类提供一个庇护所。发挥你的创造力，让你的鸟舍充满个性、与众不同。

安全警示：让成年人使用美工刀或剪刀帮你裁剪牛奶盒。

说明

1. 在牛奶盒的一侧，用笔在中间画一个矩形或圆形，并用剪子剪下来。这是鸟儿进出的门。

2. 用彩色记号笔或颜料装饰鸟舍，如果你使用颜料，请务必让颜料彻底干燥。

提 示

➡ 裁剪鸟舍门时，务必在门周围留出一些空间，以使鸟舍保持稳定。

➡ 如果你想把鸟舍变成喂食器，可以在牛奶盒的底部放一些鸟食。

3. 用钉子在牛奶盒顶部两侧各戳一个孔。

4. 将绳线穿过两个孔，并在顶部打结。这个绳结用来悬挂鸟舍，把鸟舍挂在外面，等着鸟儿们飞来，欣赏它们的新居。

畜棚是农场的众多建筑设施之一。它们是动物生活的地方，为动物提供庇护，使它们不会受恶劣天气的影响。在课外活动中，你为鸟类建造了一个庇护所，为它们提供了安宁的栖息之所。

农场课外活动日记

鸟舍是鸟类居住和繁殖后代的地方，可以为鸟儿遮风挡雨，使鸟儿不受恶劣天气影响。

在日记中写下关于鸟舍的问题：

1. 你的鸟舍适合什么类型的鸟生活？

2. 把你做的鸟舍和其他鸟舍进行比较。它们有什么相同之处和不同之处？

3. 你有什么方法可以改进鸟舍，使它更为舒适？

作物在哪里生长？

作物是指农业上栽种的各种植物，包括粮食作物、油料作物、蔬菜、果树和做工业原料用的棉花、烟草等。大多数作物在户外大片土地上种植，就像人们生活在不同的地方并有不同的生活习惯一样，不同作物也生长在不同的环境中。

想想你的生活环境，你居住的地方天气怎样？夏天很热吗？冬天下雪吗？农民会根据当地的土壤类型和气候决定种植什么作物。

接下来说说你喜欢吃的蔬菜和水果。后面有一张表列出了一些作物（它们种植在美国本土）并列出了当地的气候与土壤特点。

常见作物和种植地区（以美国为例）		
作物	主要种植区	气候与土壤
香蕉	佛罗里达州和夏威夷（大部分是从厄瓜多尔和危地马拉进口的）	热带（气温 25 ~ 30℃）；可以在大多数类型的土壤中生长，但最适宜在肥沃、排水良好的土壤中生长
玉米	内陆各州，如伊利诺伊州、印第安纳州、艾奥瓦州等	温暖晴朗的天气，雨水适中，全年有 130 个无霜日；肥沃、排水良好的沙壤土
橘子	亚利桑那州、加利福尼亚州、佛罗里达州和得克萨斯州	气温 13 ~ 38℃；排水良好的轻质土壤
土豆	科罗拉多州、爱达荷州、北达科他州、华盛顿州和威斯康星州	凉爽、不炎热的天气，全年有 70 ~ 90 个凉爽日；排水良好且有机质含量高的土壤
草莓	加利福尼亚州、佛罗里达州、北卡罗来纳州、宾夕法尼亚州和威斯康星州	全年阳光充足，气温 15 ~ 27℃；富含有机质的土壤

作物产量与生长条件呈正相关。如上表所示，香蕉树在气候温暖、潮湿的热带地区生长良好。土豆这类块茎植物在凉爽的气候条件下生长得最旺盛，如果天气太热，土豆就无法生长。玉米在各大洲均有种植，但并非每个国家都能种植所有的作物。各个国家从其他国家购买他们无法种植的粮食作物，这也是全球贸易的一部分。

农民还可以改变种植区的自然生长条件。如果雨水不足，他们可能会对土壤进行机械灌溉或人工降雨；如果土壤没有足够养分生产健康作物，他们会添加肥料。农民也在温室里种植作物，温室吸收了太阳的热量，因此室内比室外温暖。

趣味知识点

你有没有想过为什么在冬天你可以吃到新鲜樱桃？国家会在冬季从气候温暖的国家进口樱桃，比如南美洲和中美洲，这样你就可以在冬天吃到樱桃了。

扫码获取

☑奇趣科学馆 ☑爆炸实验室
☑知识测评栏 ☑教育方法论

无土栽培作物

时间
第1天30～45分钟
接下来的9天，每天10～15分钟

类别
种植，观察

材料
麦粒
水
玻璃罐或镶边盘
剪刀

大多数作物需要阳光、空气、水和土壤才能生长，但科学家已经找到了无土栽培植物的新方法。其中一种方法叫作水培法，即在没有土壤的水中栽培植物，由此获得食物。让我们种小麦种子，看看会发生什么情况！

安全警示：剪麦草时，需要一把剪刀。剪时一定要小心，请在成年人的监护下使用剪刀。

提 示

➡ 你可以在网店买到小麦种子。你准备的玻璃罐或盘子的大小决定所需麦粒的数量。要在容器里加水，水要没过麦粒。

➡ 也可以同时尝试在土壤中种植麦草种子，观察它们的生长情况。

说明

1. 将麦粒在冷水中浸泡一夜。

2. 第二天把水倒掉。将浸泡过的麦粒用水冲洗干净，然后将水沥干。

3. 将麦粒均匀地铺在玻璃罐或盘子中。

4. 每天冲洗和沥干麦粒一两次，持续几天。大约四五天后，麦草会开始生长。

5. 冲洗和沥干麦粒大约六天后，麦草会长出叶子。

6. 大约八天后，就可以收割麦草了！用剪刀靠近麦草根部将麦草剪下来，剪后的麦草会像院子里的草一样继续生长，你可以持续收割！

农场课外活动日记

自己种植一种植物是了解它们生长的有趣方法。在日记中写下这些问题，记录你种植麦草的经验。

1. 描述在水中栽培植物、获取麦草的步骤。与生长在土壤中的植物相比，水培植物有什么不同？

2. 如果你再种植一次，你会做什么不同的事情？

3. 每天拍一张麦草的照片，记录植物的变化。

结论

这节课介绍了一些作物的种植地点，以及农民在种植作物时需要注意的一些事项。植物可以在不同的环境中生长，课外活动课中还介绍了植物可以在没有土壤的水中生长。

农具和农机

农具可以提高农民的工作效率，节省人力、物力、财力。如果学生只能用手写论文而不是用电脑打字，完成任务时，手写所需的时间和精力将远远超过电脑。人们发明农具，就是为了提高生产效率。

在人类历史上，农业已经存在了很长时间，古埃及是农业的发源地之一。考古学家挖掘出了古埃及和其他古代文明使用的耕种工具。专家们研究并观察这些农具，来了解农业技术的演变和发展历史。

几千年前，古埃及人发明了犁来辅助耕种。这是一种手推农具，用来掘土。后来，人们在更坚硬的土壤上耕作时，改进了另一种木制犁，它可以破碎土块，让土壤更疏松，为播种做好准备。后来，农民改用动物（牛、马等）拉犁。农民不断摸索，汲取经验，使用不同的材料改进犁的功能。

犁 的 历 史

古埃及的犁　　　马拉的犁　　　现代拖拉机

农民最早使用人力拉犁耕地，耕足球场大小的地需要花费 96 小时，也就是 4 天。后来，农民发明了木制犁，改用牛或马拉犁，耕同样大小的地所花费的时间减少到 24 小时，也就是一天。1837 年，迪尔公司的创始人约翰·迪尔研制出一种不粘泥土的钢犁，可以翻掘美国中西部的黑色草原土壤。现在，一位农民只需要 5 ~ 8 小时就可以犁同样大小的地。为什么犁地速度快了这么多？早期，铸铁犁刀上会粘附黏性土壤，农民每犁一段距离就要停下清理一次黏土。而钢是一种表面较光滑的金属，土壤不会粘附在钢犁刀上。

如今，人们还研制出了带有多个犁刀的犁，一次可以犁好几行，也就是说，农民一天可以犁 69 个足球场大小的地。犁刀是主要的翻土松土部件，犁也可以由拖拉机牵引，这是工业文明时代发展起来的一项现代农业技术。试想一下，在拖拉机未发明之前，农民只能靠牛和马拉犁，早出晚归，每天在田间地头辛勤劳作。当时耕地非常辛苦，农民需要花费很多精力和体力，因此每隔一段时间，农民和耕地的动物就需要停下来休息，恢复体力。所以，古代农民种植粮食效率低、产量少。大多数农民种植的粮食只能勉强养家糊口，种植和收获这些粮食占据了他们所有的生活，他们根本没有时间和精力干别的营生来补贴家用。

到了 20 世纪初，越来越多的农民使用拖拉机犁地，犁地的速度更快、效率更高，种植的粮食产量也高得多。现代拖拉机减少了机械对田地的影响，在田地间行驶时，拖拉机能翻掘更多的土地。同时，辅以计算机技术，拖拉机能替农民播撒种子和施用化肥。预计未来会出现无人驾驶拖拉机。

趣味知识点

今天使用的拖拉机能帮助农民提高生产效率。生产出的粮食不仅能满足农民伯伯一家人全年的粮食需求，每年还能为 160 人提供粮食。

设计和制作拖拉机

时间
1 小时

类别
创意，设计和建造

材料

约 2 升容量的牛奶盒，清洗干净，完全晒干
0.5 升容量的牛奶盒，清洗干净，完全晒干
胶带或胶水
丙烯酸颜料或记号笔
塑料瓶盖或金属瓶盖（4 个）
纸巾或卫生纸卷筒
铝箔纸
剪刀

提 示

➡ 在开始制作拖拉机之前，在日记中绘制设计图。要测试拖拉机的功能，请找一些它可以拉动的东西和一个拉东西用的挂钩。挂钩是用什么制作的？

在这堂课外活动课中，使用你的创新能力设计和制作拖拉机，就像古代农民设计和制造农具一样，使用家里可以找到的材料（左边列出的材料）制作模型。当然，这些只是建议。你也可以自主思考，发挥你的创造力，寻找合适的材料。试着亲自设计拖拉机，使它能够像农场上的拖拉机一样拉东西。要想设计成功，就必须坚持不懈，仔细思考！

安全警示： 可能需要用热熔胶粘牛奶盒，你需要在成年人帮助下完成这一环节。

说明

1. 看看拖拉机的图片，运用你的空间想象力和工程技能，确定使用什么材料制作拖拉机。拖拉机要有一个车身、一个驾驶室、几个轮子和一个排气管，还要有一个前大灯，以便在晚上耕作时提供照明。可以用什么来制作这些部件呢？

2. 用约 2 升容量的牛奶盒作为拖拉机的车身，使用 0.5 升容量的牛奶盒作为驾驶室。接下来，你需要将驾

驶室连接到拖拉机的车身上，试试胶水、胶带或其他工具。

3. 将驾驶室与车身连接后，给拖拉机涂上你喜欢的颜色。可以使用颜料、记号笔或其他工具。进入下一步工序之前，一定要把装饰用的颜料晾干。

4. 可使用塑料瓶盖或金属瓶盖作为拖拉机的车轮，请注意，大多数拖拉机的前轮较小、后轮较大。接下来，需要将车轮安装到拖拉机的车身上。如果想要拖拉机能够移动，怎么安装车轮，它们才能够旋转呢？

5. 安装车轮后，要制作排气管。将纸巾卷筒修剪成合适的尺寸，并涂上颜料，晾干后用胶水把它固定住。

6. 如果需要，可以将铝箔剪成圆形，并贴在拖拉机前部，用作前大灯。

农场课外活动日记

设计和创造新事物可以改进人们的工作方式。在日记中写下你制作拖拉机的经验。

1. 你的初始设计是否有需要更改的地方？如果有，你如何改进你的设计？

2. 画一幅拖拉机的图画，然后画一个你想象的未来拖拉机。

结论

你刚刚设计并制作了一台拖拉机，可以用它拉动一些东西。你可以使用手边的材料制作拖拉机，就像早期的农民使用当时的材料制作农具一样。要知道，经历几百年的时间，农具才演变成为今天这个样子。

有机层

表土层

底土层

母质层

基岩

45%
矿物质

25%
空气

5%
有机质

25%
水

地 表 之 下

　　土壤是地球的表层，你可以把它想象成"地球的皮肤"。土壤是植物生长的地方。你有没有想过，为什么植物生长依赖于土壤？这一切都归结于土壤的构成。本章会让你了解什么是土壤，还会介绍不同类型的土壤，以及不同的作物适合种在哪类土壤。同时，土壤也有生命周期，就像我们人类一样。

　　地球的大部分陆地表面由土壤覆盖，它是一种重要的自然资源，植物扎根于土壤并从中获取营养，动物则从植物或其他动物身上获取营养。换句话说，植物和动物赖以生存的大部分能量和营养都来自土壤。

不同类型的土壤

土壤是由许多不同的物质构成的，这些物质可为植物提供营养，然后植物为人们和其他动物提供食物。让我们仔细了解一下构成土壤的不同物质。

空气：空气会在土壤中形成气穴。这些气穴是储存水的天然容器，也为生活在土壤中的生物提供氧气，如蚯蚓、鼹鼠等。

岩石：岩石是由一种或多种矿物组成的、具有稳定外形的固态集合体。岩石颗粒含量占土壤的一半以上。这些颗粒来自较大的岩石，称为母岩。就像父母的基因把他们的某些特征遗传给了孩子一样，母岩决定了土壤的外观和触感，以及适合生长什么样的植物。这是因为不同的岩石所含的矿物质不同，不同的植物生长所需的矿物质也不同。

土壤养分：养分主要来源于土壤矿物质和土壤有机质，其次是大气降水、坡渗水和地下水。有机质来源于植物和动物，植物和动物死亡后会腐烂或分解，释放出的养分会被土壤中的其他生物吸收。例如，树叶从树上落下，腐生生物会分解地上的落叶。随着树叶的分解，曾经储存在树叶中的养分会转移到土壤中，生活在土壤中的动植物会吸收这些养分。

水：土壤需要水来维持植物的生命。下雨或灌溉植物时，水会渗入地下。地下水通过土壤中的气穴移动，植物通过根部吸收水分。

土壤分为很多种类型。不同土壤的形成取决于一个地区的气候、植被、地质和景观特征。不同的植物能适应不同类型的土壤，下表概述了几种不同类型的土壤以及其中生长良好的植物。

常见的土壤类型		
土壤类型	描述	土壤中生长良好的作物
黏质土	在土壤颗粒中粒径最小，用高倍显微镜才能看清；湿时像胶水一样黏稠，干时像砖头一样坚硬；渗水速度慢，保水性能好，透气性差	豆类、西蓝花、卷心菜、花椰菜、羽衣甘蓝、土豆和萝卜
壤土	壤土通常由40%的沙子、40%的粉砂和20%的黏质土组成；如果增加沙子的含量，就会变成"沙壤土"	棉花、黄瓜、莴苣、洋葱、豆类作物（豆科植物的可食用种子，如鹰嘴豆、扁豆和豌豆）、甘蔗、番茄和小麦
砂质土	在土壤颗粒中粒径最大，肉眼可以看到一个个颗粒；含砂量多，颗粒粗糙，重量大，水和空气很容易渗出和流动，保水性能差	部分蔬菜和水果，如胡萝卜、玉米、生菜、南瓜、草莓和西葫芦
粉砂	土壤颗粒中等，介于砂质土和黏质土之间；单个颗粒太小，肉眼无法看见；用手摩擦时，感觉非常滑腻	浆果灌木、大多数蔬菜和果树

植物更适应哪种土壤？

土壤类型决定适合生长的植物种类。这堂课外活动课指导你试验几种类型的土壤，观察萝卜子在哪种类型的土壤中生长得最快。

时间

第一天观察 30 分钟，之后每天观察几分钟

类别

实验，观察，植物

材料

不同类型的土壤，比如砂质土、盆栽土、本地土壤（各 1 杯）
透明塑料杯（3 个）
记号笔
萝卜子
水
日记

说明

1. 将每种类型的土壤各装满一杯。使用记号笔在每个杯子的标签上标明所装土壤的类型。

2. 在每杯土壤中放入 3 ~ 4 颗萝卜子，把萝卜子放在杯子中间大约 6 厘米深处，用土壤覆盖种子。

3. 在杯子里加点水，如果你能准备一个小喷壶，那就更好了！

4. 在日记中记录你播种的日期、每个杯子中的土壤类

提示

➡ 务必仔细记录每个杯子每天发生的变化。在日记中记录每次观察的日期和土壤标签。

砂质土　　盆栽土　　本地土壤

型以及你观察到的情况。

5. 每天观察杯子里萝卜子的生长情况，并在日记中记录。萝卜子在哪种土壤中发芽最快？如果土壤干燥，加入少量水。

农场课外活动日记

在不同类型的土壤中种植萝卜子并观察其生长情况，这是了解土壤的一种有趣方式。在日记中回答以下问题：

1. 描述种植萝卜子的各个步骤。

2. 砂质土里生长的萝卜子是什么情况？

3. 盆栽土中生长的萝卜子发生了什么变化？

4. 本地土壤中生长的萝卜子发生了什么变化？

5. 你认为你使用的每种土壤有什么不同？

结论

在不同类型的土壤中种植萝卜子，观察哪种土壤里萝卜子生长的速度最快。通过观察得出结论，并非所有类型的土壤都适合种植相同的植物。农民了解田地的土壤情况，知道什么类型的土壤适合种植什么植物，以及什么植物在这种土壤中生长得旺盛。例如：玉米适合生长在壤土中；大豆在疏松、排水性良好的土壤中生长最旺盛。

矿物质和营养素

　　你的父母可能会要求你多吃水果和蔬菜，因为水果和蔬菜含有大量的营养物质，使我们的身体变得强壮，给我们提供大量的能量。这些水果和蔬菜生长的时候从土壤中获取营养。

　　养分是由土壤提供的植物生长所必需的营养元素。土壤中存在能直接或经转化后被植物根系吸收的矿物质营养成分，包括氮、磷、钾、钙、镁 、硫、铁、硼、钼、锌、锰、铜和氯等多种元素。养分的分类为常量元素、中量元素和微量元素。在自然土壤中，养分主要来源于土壤中的矿物质和土壤有机质，其次是大气降水、坡渗水和地下水。在耕作土壤中，养分还来源于人工施肥和灌溉。

阳光

氧气

二氧化碳

水

接下来我们详细介绍六种主要和次要的常量元素。

钙：能使你的骨骼和牙齿坚固，你可以从牛奶中获得钙。钙还能帮助植物生成新的细胞。

镁：帮助你提高免疫力，抵抗疾病，保持神经和肌肉的正常工作状态。植物需要镁才能进行光合作用，合成有机物。

氮：能使你长出健康、强壮的肌肉。植物利用它制造蛋白质和用于光合作用的叶绿素。

磷：能使你的骨骼和牙齿变得强壮。磷还能为植物提供能量，使植物长出强壮的根系。

钾：能使你的肌肉和神经处于正常的工作状态，也能够使植物长出强壮的茎，抵御病虫害。

硫：能帮助植物生成蛋白质和用于光合作用的叶绿素。

光合作用，通常是指绿色植物（包括藻类）吸收光能，把二氧化碳和水合成富能有机物，同时释放氧气的过程。光合作用所产生的有机物主要是碳水化合物，并释放出能量。植物的叶子里有一种色素，叫作叶绿素。叶绿素使植物呈现绿色，并能从阳光中吸收能量，帮助叶绿体制造有机物。植物还会通过根部从土壤中获取水分和养分，将它们沿茎向上输送到叶子中，参与光合作用。光合作用生成的有机物为植物提供生长所需的能量，当人们食用植物时，植物内部储存的能量可使人们的身体系统正常工作。

农民在耕种前会检测土壤成分，确保土地含有相对充足的养分。如果需要，农民会向土壤中增添特定肥料，以提高土壤养分含量。

趣味知识点

植物生长发育所需的养分多达 17 种。

土壤类型检测实验

时间
2 小时以上

类别
实验

材料
土壤（半杯）
水（两杯半）
约 1 升容量的玻璃加盖容器

➡ 从不同的地方采集土壤样本进行检测，并对检测结果进行比较。例如，你可以从你房子附近的田地、花园或附近的林地采集样本。

农民会在耕种前充分了解土壤的类型，以及土壤是否含有作物所需的充足养分。如果土壤缺少养分，农民可以添加肥料进行调整。这堂课外活动课将向你展示如何检测土壤样本的类型。

安全警示：这堂课外活动课中，你需要用手接触土壤，完成后需洗手。

说明

1. 在你家附近采集土壤，收集距离地面 10 ~ 15 厘米深的土壤样本。

2. 将土壤和水放入玻璃容器中。盖上盖子，摇晃约 1 分钟，形成土壤和水的混合液体。

3. 将土壤溶液静置至少 2 小时，让土壤充分沉淀到容器的底部。如果静置时间不够，溶液太浑浊，会降低检测结果的准确度。

4. 砂质土、粉砂、黏质土和水会自下而上依次分离开。这时就可以估算不同类型土壤占的百分比了。

水 ——

黏质土 ——

粉砂 ——

砂质土 ——

结论

　　在这堂课外活动课中，你学会了检测土壤的类型及占比。向土壤中加水，摇动容器，然后使土壤沉淀，你可以看到其中含有不同类型的土壤。其中最重的颗粒（砂质土）首先沉淀在容器底部。

农场课外活动日记

　　在日记中回答以下问题：

　　1. 你采集的土壤样本中哪种类型的土壤占比最高？

　　2. 土壤是由什么组成的？

　　3. 为什么土壤质量对农民很重要？

土壤的生命周期

土壤与植物、动物一样，都会经历一个生命周期，在此期间会发生一系列的变化。有些生物的生命周期很短，有些则很长。土壤的生命周期比很多生物的生命周期长得多。2.5厘米厚的土壤需要500年才能形成。

科学家对土壤了解得越深入，就越能帮助农民解决一些农业耕作的问题。土壤是提高粮食产量的重要因素之一。

接下来介绍土壤的生命周期。土壤来自岩石，由于长期受到风和水的侵蚀，岩石逐渐分解，加上温度的变化导致岩石膨胀（变大）和收缩（变小），岩石中间便产生裂缝。然后，植物附着在岩石缝隙中生根发芽。通常，地衣（苔藓）是在岩石上生长的第一种植物。地衣的根部逐渐扩张生长，会撑破岩石。有机植物与无机岩石结合，形成了新的土壤。

岩石上生长的植物越多，植物根系分解的岩石也就越多。

土壤来自岩石　　风和水导致岩石分解　　岩石上生长地衣　　岩石被分解成土壤

地表植物死亡之后，转化成富含养分的有机物，这就是土壤中的肥料。土壤中富含养分，就会吸引蚯蚓等动物对养分做进一步分解，使土壤中的新生植物和动物能够获得这些养分。

在这个周而复始的过程中，土壤层越来越厚。随着时间的推移，各种养分会变得更加平衡。其他植物和动物死亡后，被它们吸收的养分又会重新回到土壤中。

有时，土壤的生命周期也会缩短，例如数百年形成的土壤可能会突然被洪水冲走，被沙尘暴破坏，或者被火山爆发时产生的岩浆和火山灰覆盖。有时，土壤流失是因为人们缺乏土壤保护意识或过度开垦。国家出台了很多土地保护政策，农民和牧民会采用适当的水土保持措施，努力保持土壤健康，以实现可持续发展。

趣味知识点

如果你喜欢历史，那么可以了解一下20世纪30年代发生在美国的沙尘暴。在此期间，干旱和不良耕作方式在美国的大平原造成了严重沙尘暴，破坏了农业生产。沙尘暴导致美国各地粮食大幅减产，使人们饱受饥饿和贫困的困扰。

地下搬运工和松土工

时间

第一天大约需要1小时，
之后每天观察10分钟，
持续2周

类别

设计和建造，观察

材料

2升容量的塑料瓶
剪刀
胶带
沙子（1杯）
土壤（2杯）
装满水的喷壶
棕色纸袋
蚯蚓（2条）
食物垃圾
一块粗棉布
橡皮筋

蚯蚓生活在泥土的孔洞中，这些孔洞可使空气和水进入土壤。蚯蚓被视为"生态系统工程师"。在这堂课外活动课中，你将为蚯蚓建一个栖息地，然后观察它们的行为，了解它们分解物质和促进植物生长的方式。

> **安全警示:** 需要成年人帮助，小心使用剪刀。

说明

1. 请成年人用剪刀剪掉2升容量塑料瓶的顶部，用胶带包住锋利的边缘。

2. 将一些沙土混合物放在塑料瓶中，千万别把土壤压实，否则不利于蚯蚓挖地道，要保持土壤松散。

3. 用喷壶向塑料瓶中喷入足够的水，保持土壤湿润。

4. 蚯蚓喜欢黑暗的环境，用纸袋套住瓶身以遮光。

5. 轻轻地把蚯蚓放在土壤的

顶部。

6. 放入一些食物（生蔬菜屑、苹果、瓜皮、咖啡渣），用粗棉布覆盖塑料瓶，然后用橡皮筋固定。

7. 将塑料瓶放在阴凉、避光的地方就可以开始观察蚯蚓的行为了。如果没看到蚯蚓，可以给蚯蚓补充更多的食物，别忘记每隔几天给瓶中土壤喷水。连续观察蚯蚓两周，然后可以让它们回归大自然。

农场课外活动日记

观察塑料瓶中的蚯蚓，并将其发生的变化记录在日记中。

1. 蚯蚓吃什么？哪些食物没有被吃掉？

2. 你能看见蚯蚓吗？如果能，请描述它们在土壤中的位置。你能找到哪些蚯蚓活动的证据？

结论

土壤与其他动植物一样也有生命周期。蚯蚓通过分解有机物（如树叶和垃圾）为土壤提供养分，从而促进植物生长。它们的粪便使土壤更加肥沃。你可以在塑料瓶中的土壤里观察到蚯蚓的粪便，那看起来像搅碎的小土块。本堂课外活动课有助于你了解蚯蚓在提高土壤养分方面的作用。

提 示

➡ 不要给蚯蚓喂食柑橘、番茄、熟食、乳制品、大蒜、洋葱、肉、油或油脂。食物不能太咸或太酸，否则会杀死蚯蚓。

逐渐成熟 6

整地 1

播种 2

阳光、空气、水和养分促进植物生长 5

成果 7

浇水 3

种子发芽 4

3

地表之上

　　农民们已经学会了采用不同的技术来整地，供作物生长。随着农业科技的进步，整地的步骤和方法日新月异。

　　天气对生活的影响很大，如果你计划出去玩，但下雨了怎么办？大多数时候，你会待在家里或改变计划做别的事情。天气也会影响农民的耕作计划，他们总是要考虑天气以及大自然对农场动植物生长和生活方面的影响。

　　接下来介绍农作物的生长环境，以及天气是如何影响农作物生长的。

作物的生长过程

　　植物的生长会经历不同的阶段变化。接下来以辣椒为例来说明农作物的生长过程。

　　农民通常在三四月间播种辣椒种子。种辣椒前，农民会先犁地（松土和翻土）、耙地（打碎土块）和整平，再准备好种辣椒的栽培床（菜畦）。辣椒在排水性良好的沙壤土中生长最旺盛。农民会灌溉土壤，播种时保持土壤湿润，为种子提供生长的最佳环境。

　　播种后，种子会在 10 ~ 12 天内发芽，发芽时间的长短取决于辣椒的种类。在此期间，植株需要大量的阳光和水。此后，植株继续生长并长出花朵，花朵由昆虫授粉，然后授粉的花朵结出果实，长出辣椒。成熟后，像其他水果一样，辣椒的外皮是可食用的果肉，内部是种子。

　　大多数农民会采摘两次辣椒，一次采摘青辣椒，另一次采摘红辣椒。种子播种后大约 120 天（4 个月），大约在八月初农民就可以采摘第一批青辣椒了。红辣椒的生长大约需要

165 天（5 ~ 6 个月），农民通常在十月中旬采摘。

春耕秋收，大多数在春季种植的作物，如辣椒，都在秋季成熟后收获。辣椒采摘后，可以加工并用于制作各种食品。例如：辣椒可以制成天然食用色素；辣椒中含有辣椒素，辣椒素会使口腔感到灼热，因此辣椒也是很好的调味品，受到世界各地人们的喜爱。

趣味知识点

尽管人们称辣椒为蔬菜，但根据其生长方式，辣椒也可以归类为水果，了解辣椒的生长过程后，请记住这一点！

⊞ 扫码获取

☑ 奇趣科学馆 ☑ 爆炸实验室
☑ 知识测评栏 ☑ 教育方法论

蛋壳百草园

使用蛋壳种植植物是因为蛋壳本身是可生物降解的物质。将发芽的幼苗移植到室外时，不必去除蛋壳。随着时间的推移，蛋壳会自然分解，蛋壳中的钙会释放到土壤中。蛋壳也可以防治害虫，防止蛄蝓、地老虎或其他害虫为害植物根系。草本植物适合种植在蛋壳花园里，赶紧亲自动手实践吧！

安全警示： 请成年人帮助你用工具把蛋壳的尖端去掉，倒出里面的蛋黄和蛋清（可留食用）；然后用一根锋利的针刺穿蛋壳的另一端，打一个小孔以便排水。接下来你可以小心地清洗蛋壳并晾干。

时间
1 小时

类别
设计，观察

材料
报纸（可选）
汤匙（可选）
盆栽土（见"提示"）
空蛋壳，清洗干净并晒干（12 个＋）
鸡蛋盒（2 盒＋）
草本种子包（见"提示"）
马克笔
喷壶

说明

1. 如果你在室内培植百草园，就要在蛋壳下面铺一些报纸，以免家中到处都是泥土。用汤匙将盆栽土放入每个蛋壳中，不用填满蛋壳。

2. 将种子放入土壤中，按照种子包装上的说明操作，通常一个蛋壳里放入四五粒种子就行了。

3. 再加入一点儿盆栽土，盖住种子。

4. 用马克笔在每个蛋壳外面标明植物的名称，以免忘记蛋壳里种了什么。

5. 使用喷壶给种子喷水，保持土壤湿润，然后将鸡蛋盒放在温暖的地方，就可以观察种子生长了。

6. 每天用喷壶给种子浇水。看到种子发芽时，把鸡蛋盒移到阳光充足的地方。当种子长出嫩芽、可以在户外种植时，就可以把蛋壳底部敲裂一点儿，这样有利于植物根系从蛋壳中长出来，并向地下延伸。

农场课外活动日记

在整堂课外活动课中，用日记记录你种植的植物名称、日期以及它们生长时的一般观察结果。

1. 还可以用相机记录植物生长的不同阶段。

2. 哪种植物先发芽？紧接着是哪种植物发芽？有没有没发芽的植物？想一想，它们为什么没有发芽？

3. 收割这些植物后，你如何使用？

结论

农民在种植作物时遵循以下步骤：整土、播种、灌溉。这样可保证作物健康生长，成熟后即可收割。在这堂课外活动课中，你把种子种在土壤中，经常浇水，并照料它们，等到它们成熟，就可以食用或使用了。

提 示

➡ 选择适合种植的草本植物。

➡ 可以购买盆栽专用土，这种土较松软，排水性好。

了解生态系统

生态系统是生活在同一环境中的不同生物共同构成的整体。生物能生活在某个生态系统中，就说明它们非常适合生活在这里。

每一种生物都要从周围的环境中吸收空气、水分、阳光、热量和营养物质。生物在生长、繁育和活动的过程中又不断向周围的环境释放和排泄各种物质，死亡后的残体也会复归环境。所有生物都依照一定规律生活在一个生态系统中。自然界的生态系统大小不一、多种多样，小如一滴水、小池、花丛、草地，大至湖泊、海洋、森林、草原乃至包罗地球上一切生态系统的生物圈。按类型分类，有水域的淡水生态系统、河口生态系统、海洋生态系统等，陆地的沙漠生态系统、草原生态系统、森林生态系统等。

陆地生态系统主要有五种类型：沙漠、森林、草原、雨林和冻原。接下来详细介绍每种类型。

沙漠：沙漠炎热干燥，生活在这里的植物可以适应恶劣的环境。沙漠植物善于储存水分，例如，仙人掌有蜡质层，这样水分就不会散失，它们的刺可以保护其不被动物吃掉。沿海沙漠里有各种各样的植物，如含盐灌木、黑鼠尾草等。这些植物都有厚厚的叶子，只要有降水就可以吸收和储存水分。

森林：森林的特点来源于生长在其中的树木。落叶林的树木叶子会季节性掉落，然后重新生长。在夏天，它们的宽阔叶子通过光合作用吸收光能，将其转化为有机物。温度降低时，叶子会变色并落到地上，以另一种形式滋养大地。针叶林由圆锥形、针叶常绿乔木组成。通常，这些树不会落叶。

草原：草原有很多种类型，如稀树草原、大草原、干草原等。一般来说，较矮的植物在草原环境中能够茁壮成长，但较高的植物，如树木，很难在这里生长。

沙漠

森林

草原

雨林

冻原

雨林： 雨林是降水量充沛的森林。雨林里大多数树木的树皮薄而光滑，与其他生态系统中的树木不同，它们不需要厚厚的树皮来防止水分散失。雨林中许多植物的叶子形状可以有效排水，避免细菌滋生。雨林中的一些植物是"附生植物"，这些植物生活在其他植物的表面。

冻原： 冻原处于寒冷环境中，这里的植物生长期极短。大型植物很难在这种苛刻的环境中生存，相反，苔藓、地衣和小灌木等植物可在冻原上茁壮成长。为了适应气候，生活在这里的植物大多外形矮小，并且成簇成丛，自我保护能力强，还能抗风。

趣味知识点

热带雨林的面积约占地球陆地面积十分之一，热带雨林中的动植物种类约占地球上动植物种类的三分之一。

设计并建造一个台式温室

温室可以保护作物，使它们不受冷热气候影响，以及有害生物的侵袭。通过建造温室，你可以在不同的环境中全年种植某些类型的作物。在这堂课外活动课中，你将使用身边的材料设计和建造温室，然后种植土豆，让它们在温室里生长。

时间

1 小时

类别

设计，建造和观察

材料

塑料吸管（8 ~ 12 根）

不同大小的牛奶盒，剪掉顶部（见安全警示）

胶带

剪刀

土壤

带芽土豆块

水

保鲜膜

安全警示：请成年人帮你剪开牛奶盒。如果你用的是约 0.25 升容量的牛奶盒，只需将顶部剪掉；如果你使用的是约 1 升容量的牛奶盒，就要把盒子从中间剪开。这样能获得一个大小合适的容器。

说明

1. 在日记中画出你的温室设计草图。想一想，你如何使用不同的材料搭建温室：用塑料吸管搭建框架并用胶带固定，用保鲜膜将框架的四周包起来。

2. 根据你的设计方案，用吸管搭建温室的框架。用胶带把吸管粘在牛奶盒的各个角。牛奶盒就是温室的基座，使吸管竖直并保持平行，然后用保鲜膜包裹温室框架。

3. 向牛奶盒中添加土壤，并种下带芽土豆块。

4. 给土豆浇水，保持土壤湿润。

5. 用胶带将保鲜膜粘到框架结构上，确保牛奶盒完全密封。

农场课外活动日记

种下土豆后，在日记中记录接下来的几周里你对土豆的观察结果，记下土豆芽破土而出的日期。

1. 画出植物生长时的样子。

2. 从播种到发芽需要多长时间？

3. 保鲜膜的用途是什么？

4. 如果种子不种在温室里，会这样快速发芽吗？

结论

温室就像一个微型生态系统，太阳为植物提供光和热；土壤为植物提供生长所需的养分。有了温室，农民可以在一年中的任何时候种植土豆或其他各种农作物，即使天气寒冷，也可以在温室中种植植物。

提 示

➡ 检查一下你的温室，确保土壤始终潮湿，这样土豆芽就能快速生长。

天气预测

天气会以多种形式影响作物生长，农民们需要为不同的天气情况做好准备工作。经验老到的农民伯伯会根据天空的颜色和动物的行为预测天气。

民间流传着一些与天气有关的谚语，比如"夜晚红彤彤，牧人兴冲冲"，其中的气象学原理就是灰尘和微粒被困在高压大气中时，天空会变成红色，第二天的天气必定干爽宜人。还有一句农谚是"早上红彤彤，牧人急匆匆"，清晨天空是红色的，是因为高压大气中的灰尘和微粒正在快速移动，接下来很可能刮风下雨。

农民还会看云识天气。

卷云：这些云悬浮在高空，由稀疏的细小冰晶构成，比较稀薄。蓝天下飘着几朵卷云，表示天气晴朗怡人。

积云：这些云蓬松，看起来像巨大的棉球。顾名思义，想想"积累"这个词，"积云"是由一些物质堆积起来的。蓬松的云意味着不会下雨，深灰色的云表示可能会下雨。

雨云：这些云是出现在下雨天的乌云，伴随闪电雷鸣。乌云出现时，也有可能已经下过雨或下过雪了。

层云：层云的云朵像一张巨大的毯子罩住天空，这种云是下雨或下雪的预兆。靠近地面的层云是雾。

动物也是优秀的天气预报员。暴风雨来临前，牛羊会紧紧挨在一起；鸟类会飞得更低，因为高空的气压太高，会伤害它们的听觉系统。

在农业方面，一年的降水量与农作物的产量息息相关。如果降水量较少或冰雹损坏庄稼，农作物的产量就会减少，导致农作物短缺，进而以这种农作物为原料的商品价格会提升。

趣味知识点

除了大自然的预兆外，农民还可以从其他渠道获得天气信息，如气象气球、当地新闻、卫星和无人机。现在，也可通过手机应用程序了解气象信息。有了这些信息，就能提前安排农业生产。

花

叶

种子

茎

根

4

了解农作物

　　农作物从小小的种子开始生长，到秋天结出成熟的果实，农民就会获得丰厚的回报。人们将这些农作物加工成食品、纤维制品、燃料、建筑材料等。农作物是人们生活的基石，是食物链的重要组成部分。在本章中，我们将了解植物不同部位的内部结构以及如何培育它们。

农作物的内部结构

就像人的身体有很多不同部位一样，植物也有不同的部位，每个部位都有特殊的结构和功能。现在，我们来详细介绍农作物的内部结构。

根：根是植物吸收土壤中水分和营养物质的主要器官，还能够起到固定植物和储存有机物的作用。

茎：茎是植物生长在土壤表面的部分，主要起到输送养分的作用，能够将根系吸收到的水分和营养物质输送给整个植物，保证植物能够正常生长和发育。

叶：叶子是植物进行光合作用和呼吸作用的主要器官，能够吸收二氧化碳，同时释放出氧气。叶子上还有很多叫作气孔的开口，水和空气通过气孔进出植物。

花：花是植物的生殖器官，雄蕊中会产生用于繁殖的花粉，雌蕊的柱头接受花粉后，就完成了授粉过程，这是植物繁衍后代的途径。

果实：果实是含有成熟种子的植物子房，果实以坚硬的外壳或肉质的果肉为种子提供保护。人们经常吃的植物果实包括苹果、柑橘和香蕉等。

种子：大多数植物通过种子进行繁殖，一般一颗种子只能长出一株植物，植物为了获得更高的繁殖率，会孕育大量种子。人们也食用植物的种子，包括坚果和豆类等。

大多数植物的生长过程相似，但也存在一些差异。接下来让我们比较一下玉米和土豆的生长过程。

玉米种子从播种到发芽需要一周时间，幼苗需要充足的阳光、水和养分。然后幼苗的叶子变宽，秆变粗。玉米秸秆最高可达 4.5 米。在玉米植株快要长成的时候，顶部会出现雄花并结出玉米穗，其中充满了花粉。秆再往下一点儿，雌花会长出一个或两个玉米穗，玉米穗顶部有须状突出物伸出来。随后雌穗开始接受花粉，完成授粉过程。授粉后，玉米粒开始形成，籽粒内营养物质转化为乳状物质。等玉米粒完全变硬后，就是玉米的最佳收获时间。

土豆通常是从其他土豆中生长出来的，而不是通过单个的种子。土豆又叫马铃薯，种子叫"种薯"。种薯是从一个完整的土豆上切下来的一块，其表面有几个芽眼。种植种薯后，这些芽眼会发芽并发育成新苗，形成独立的根和茎。种薯通常要在土壤里生长数周时间，才会在地面上长出主茎和第一片叶子。在地下，根系通过吸收种薯自身的营养物质快速生长，

直到营养耗尽为止。种植后的第一个月，主茎顶部的多叶部分生长繁茂，长出花蕾后，主茎停止生长。叶子通过光合作用制造有机物，促使植株形成完整的生长体系。地上部分开花后，地下部分则迅速成长，积累营养成分直至土豆成熟。

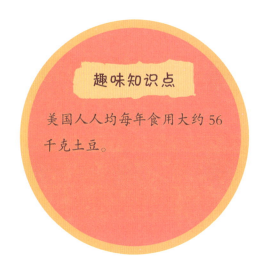
趣味知识点
美国人人均每年食用大约 56 千克土豆。

种萝卜

时间
30 分钟

类别
观察，种植

材料
勺子（可选）
花盆
盆栽土
萝卜子
托盘
装满水的喷壶

在家种植蔬菜是一种有趣的体验，你可以观察植物生长的过程，并记录下植物不同的生长阶段。

说明

1. 用勺子或手向花盆中加入盆栽土，装至一半。可以多装几盆。

2. 将萝卜子埋在土壤下 1.3 厘米处，种子彼此相距约 2.5 厘米。

3. 将花盆放入托盘中，用喷壶润湿土壤和种子。托盘会接住从花盆里流出的水。

4. 将花盆放在阳光充足的地方，就可以开始观察种子的生长过程了！

提 示

➡ 萝卜的根茎需要充足的水分，因此土壤应保持湿润，但不要过量浇水，两天浇一次水就可以了。

农场课外活动日记

在日记中回答以下问题：

1. 画出并标记萝卜的各个部位（包括种子、叶子、茎和根）及其生长阶段。

2. 萝卜是水果还是蔬菜，为什么？

结论

在这堂课外活动课中，你可以观察萝卜的生长过程。大约 3 ～ 4 天后，种子会发芽。经过一段时间的浇水施肥，幼苗看起来与成熟的萝卜差不多，都有茎和绿叶。萝卜的根是人们平常食用的部分。

常见的农作物

以下五种农作物的耕作范围非常广泛。

玉米：玉米是一种谷物，成熟后，经过加工可制作谷类食品，如玉米片和玉米面包等食物；可以用来喂养牲畜，也可以用于制造乙醇。玉米有 4,200 多种用途，而且人们还在不断发现更多的新用途！玉米是很多国家种植的第一大作物，也是全球第二大作物。仅在中国，玉米种植面积就达到 2.44 亿平方千米，且还在继续增长。

棉花：棉花主要用于制作服装。重约 218 千克的棉花可制作 6.8 万个棉球、215 条牛仔裤或 650 万支棉签。中国、美国、印度和巴基斯坦是全球主要的棉花生产国。棉花种子还可用作家畜饲料。

玉米

棉花

干草： 干草是一种草料作物，可将其干燥后收集并压实成捆来运输，十分方便。在冬季，干草主要用于喂养牲畜。苜蓿和干草是最常见的草料作物类型。

大豆： 大豆是一种油籽，跟向日葵、花生、棉花和亚麻一样。大豆用于生产动物饲料、车用生物柴油以及杂货店里的数百种产品，如豆奶、豆腐、沙拉酱、口香糖、蜡烛，甚至蜡笔！大豆最早在中国北方种植，并于 19 世纪初传入美国。

小麦： 小麦是一种谷物，主要用于生产主食，如面包、面条和其他谷类食品。小朋友喜欢吃的比萨饼是用小麦粉（面粉）做成的。美国每年售出约 30 亿个比萨，也就是说，每个美国人一年大约吃 40 个比萨！

干草

大豆

趣味知识点

0.01 平方千米田地收获的大豆大约可以生产 13,600 支蜡笔。

小麦

51

制作可降解塑料

时间
30分钟

类别
实验

材料
玉米淀粉（1汤匙）
水（1汤匙）
玉米油（2滴）
食用色素（2~3滴）
易拉式塑料袋
微波炉

多数塑料是由石油制成的，石油是一种不可再生的化石燃料。在这堂课外活动课中，你将使用可再生的玉米淀粉和玉米油制作可降解塑料。可降解塑料暴露在环境中时，会分解为无毒的化合物。这些化合物是可生物降解的，会随着时间的推移分解成各种自然元素。这堂课上，你只需制作少量塑料，了解什么是可降解塑料即可。

说明

1. 将玉米淀粉、水、玉米油和食用色素放入易拉式塑料袋中。扎上袋子，并轻轻挤压，将袋子里的所有物质混合在一起。

2. 把袋子稍微打开一点儿，让蒸汽逸出。小心地将袋子放入微波炉中，将其直立，然后用微波炉将混合物加热20秒。取出袋子时千万要小心，很烫！（可以请成年人帮忙）

3. 让混合物冷却几分钟，然后将其从袋子中取出，并用手揉捏，搓成一个球。你觉得混合物摸上去像什么？

玉米是应用最广泛的作物之一。在这堂课外活动课中，你使用玉米产品制作了可降解塑料。农民种植的玉米不仅是大家每天吃的食物，也是很多生活用品的原材料。

农场课外活动日记

在日记中回答以下问题：

1. 加入四种原料后，描述袋里的混合物。慢慢挤压袋子时你有什么感觉？

2. 用微波炉加热后，新混合物是什么样子的？

3. 混合物冷却后的触感怎样？

4. 你制作的可降解塑料有什么用途？

照料农作物

　　为了生存，人们需要哪些必不可少的东西？你可能会说，需要空气、食物和阳光。植物生存也同样需要这些物质，农民伯伯辛勤地劳作就是为了保证农作物茁壮成长。农民把作物照料得越好，它们的产量就越高。接下来的内容将详细介绍作物需要什么才能茁壮成长。

土豆

空气和阳光： 这些是大自然的伟大馈赠，对作物的生长至关重要。作物需要空气和阳光，通过光合作用产生有机物。

昆虫： 一些昆虫对作物有益。大多数粮食作物依赖于昆虫授粉，在授粉后才能结出种子。

养分： 就像人们所需的维生素和矿物质一样，土壤中的养分为作物提供生长所需的能量。早期的农民年复一年地在同一块田地中种植同种植物，不懂得改良田地的方法，导致土地中的养分不断流失。后来，农民发现可以给贫瘠的土壤补充养分，例如向土壤中添加动物粪便、腐烂的植物和肥料，使土壤含有更多的营养物质。农民还学会了轮作，比如第一年在一块地里种燕麦，第二年在这块地里种另一种作物，不同的作物会汲取土壤中的不同养分。

土壤： 土壤是生产优质农作物的重要基础。为了防止土壤被侵蚀，一些地区的农民采用梯田耕作法，在田地中创造海拔高度不同的水平面。梯田降低了山坡的陡峭度，使地表土更难被雨水冲走。免耕耕作是指农民只从作物中采摘果实部分，让茎和根在田地里自然腐烂，让养分返回土壤中并提供地面覆盖物，这有助于防止土壤被侵蚀。

水： 水对所有生命都是必不可少的，农民使用各种灌溉系统为作物提供水分。地面灌溉依靠重力使水流过田地，而喷灌则通过水管向植物洒水。

扫码获取
☑奇趣科学馆 ☑爆炸实验室
☑知识测评栏 ☑教育方法论

农家泥娃娃

时间
30分钟

类别
创意，观察，植物

材料
草籽（1～2茶匙）
及膝尼龙长袜
盆栽土（2杯）
记号笔或彩色笔
清洁剂（可选）
300～350毫升塑料杯
水
剪刀（可选）

农民照料自己种植的作物，就像父母照顾自己的孩子一样。照料作物的时候，需要确保它们从土壤、水、阳光和空气中获得养分。在这堂课外活动课中，你将制作一个泥娃娃并在其表面撒上草籽。泥娃娃的头上会长出草，就像"头发"一样。

说明

1. 将草籽放在尼龙袜脚趾的位置——这是草籽发芽和生长的地方。袜子的脚趾会成为泥娃娃的头顶。

2. 将盆栽土倒入尼龙袜中，覆盖草籽。用袜子把泥土包起来，弄成球状，做成泥娃娃的头。在袜子上打一个结（泥球正下方），固定土壤。

3. 如果需要，用记号笔或彩色笔在泥球上画一张笑脸。

4. 将杯子装入约三分之二的水。

5. 把泥娃娃放在盛水的塑料杯里，长袜会吸收水分，浸透泥娃娃内部的土壤。

6.10 ~ 15 天后，草籽会在泥娃娃的头顶发芽，看起来像头发。

7. 当塑料杯中的水被泥娃娃吸收后，就往杯子里面加水。随着草不断生长，可以用剪刀修剪并根据需要对其做各种造型。

农场课外活动日记

认真思考，在日记中回答以下问题：

1. 作物需要什么基本条件才能生存？

2. 泥娃娃的需求与作物的需求有何相同和不同之处？

提示

➡ 如果袜筒太长，可以用剪刀剪掉一部分，但一定要留一部分，以便吸水。

田地里的益虫和害虫

　　如果没有昆虫，我们的世界会是什么样子的？没有讨厌的苍蝇在人们身边乱飞，也不用担心被蜜蜂蜇伤。但我们离不开昆虫！

　　昆虫是生态系统的基本组成部分，发挥着许多重要的作用。它们在作物繁殖中发挥关键作用（授粉），有的还会吃掉破坏作物的害虫，

同时昆虫还能疏松土壤，使空气、水和养分渗入植物的根部。昆虫会把死去的植物和动物分解成有机物，这有助于将养分返回到土壤中。接下来的内容将详细介绍一些在土地周围的昆虫。

蚂蚁、蜜蜂、蝴蝶等为开花植物授粉。许多农民都自己养蜂并给作物授粉。还有一些昆虫以危害作物的害虫为食，例如蜻蜓、瓢虫、螳螂会吃蚜虫和毛虫，减少这些害虫的数量。

蝗虫和玉米田棉铃虫会对庄稼造成严重危害。地老虎是一种毛虫，会从植物上剥下叶子，把叶子蛀出一个个洞。蚜虫会排出大量的蜜露污染作物的叶片和果实，引发煤污病，影响作物光合作用，还会传播疾病。

如果农民不对这些害虫进行防治，它们可以在一两天内吃掉整株作物。农民借助害虫的天敌（例如蜻蜓等）来控制它们的数量，使用杀虫剂驱除害虫以减少它们的数量，保持土壤和作物健康。

趣味知识点

一只石巢蜂的平均寿命为一个月。在这段时间里，它将尽可能多地觅食，填满巢穴隧道，同时为花朵授粉。

做一个石巢蜂的蜂巢

时间
30 分钟

类别
创意，设计，建造和观察

材料
小型防水容器
丙烯酸涂料
纸吸管或纸袋
剪刀
细绳

这堂课外活动课的目标是建造一个石巢蜂的蜂巢，以吸引石巢蜂飞来你的院子或花园。石巢蜂可以为农作物授粉，它们脾气温和，不大会蜇人。

> **安全警示：**如果你使用的是塑料汽水瓶或易拉罐，那么你需要请一位成年人切掉瓶口，或者剪下易拉罐的两端，并确保边缘平滑，不会划伤手。

说明

1. 用汽水瓶或易拉罐等防水容器做蜂巢的框架。如果需要，可用丙烯酸涂料装饰框架。

2. 用纸吸管填充框架。放入足量的吸管，以免它们掉出来。

3. 制作一个挂钩，这样就可以将蜂巢挂在树枝上了。将绳子沿框架中心缠绕，然后将两个松散的绳头系在一起。如果使用易拉罐，那么请让成年人在顶部戳两个孔，将绳子穿过，然后将松散的绳头打结。

4. 为石巢蜂的家找个合适的位置。把蜂巢挂在离地面1～2米的树枝上，这样早上可以晒到太阳，也不会受到风吹雨淋。石巢蜂会用泥土封住蜂房，因此最好在蜂巢附近准备一些泥土和少量水。

5. 观察石巢蜂如何从蜂巢飞进飞出，以及它们如何为自己的幼虫收集花粉和花蜜。

提 示

➡ 确保将蜂巢放置在距离开花植物和树木 60 ~ 90 米范围内。

农场课外活动日记

在日记中回答以下问题：

1. 石巢蜂在蜂巢里面做什么？

2. 你能看到石巢蜂是如何在蜂巢隧道中工作的吗？

3. 为什么石巢蜂和其他授粉昆虫对农作物很重要？

结论

大部分农作物多亏了蜜蜂和其他昆虫授粉，才能开花结果。建造蜂巢后，你不仅保护了石巢蜂，还保护了我们的环境。

提 示

➡ 冬季将石巢蜂蜂巢存放在干燥的地方，到了春天再把它们搬出来。

认识农场动物

　　本章将介绍一些农场里常见的动物和它们的基本需求。你将了解生活在农场里的动物和它们生长发育的过程，以及农民伯伯畜养动物的目的。例如，你知道猪是世界上最聪明的动物之一吗？它们的学习能力比狗强！你知道你平常饮用的牛奶从农场到商店只需要48小时吗？本章从探索常见农场动物的生命周期开始，带你深入认识农场动物的习性，并学习如何照顾它们。

农场动物的生命周期

农场的动物们也有自己的生命周期。大多数农场动物都是哺乳动物，也就是说，它们的生命周期比较稳定。哺乳动物的特点是胎生，幼崽由母体分泌的乳汁喂养长大，有毛发或皮毛，体温保持恒定，属于温血动物，通常一生下来就可以行走。为了更好地了解它们，接下来详细介绍农场各种动物以及它们的生活习性。

牛、绵羊、山羊、猪、马、兔子、美洲驼和羊驼都是哺乳动物。鸡、鹅和鸭也生活在农场里，它们是禽类。

哺乳动物的幼崽在母体内生长发育，所以雌性动物都有较长时间的妊娠期。雌性动物的妊娠期各不相同：绵羊和山羊的妊娠期为 5 个月，猪的妊娠期为 4 个月左右，牛的妊娠期为 9 个月。

足月后幼崽便会从母体内娩出，大多数幼崽一出生就能爬能走。动物种类不同，哺乳期也不一样。如果幼崽不需要妈妈母乳喂养，就会自动断奶或与母亲分开，并与其他断奶的幼崽一起进入农场中生活。从独立生活开始，幼崽逐渐进入成年阶段。

农民伯伯会根据农场动物的种类和农场类型决定下一个阶段的养殖计划。一些雄性和雌性动物长大后用于育种和延续畜群，而另一些则一直饲养到具有足够大的体形，出栏外销。达到可出售的体形时，它们会被送到屠宰厂，成为食用肉类，或生产各种其他副产品。例如，奶牛产下小牛后，就会产生乳汁，给人们提供新鲜的牛奶，而牛奶也可以制成奶酪、黄油和其他产品。

趣味知识点

一头奶牛一生可产出约 20 万杯牛奶。研究表明，奶牛听音乐时产奶量更高！

常见的农场动物

牛

狗和猫

马

农场动物都有各自的用途。许多动物都是为了给人们提供肉类而饲养的，例如猪和牛。奶牛和山羊则可以提供牛奶、羊奶和其他乳制品。马和狗可以帮助农民干活儿或运送物资。

牛：公牛可以育种，延续优良基因。饲养肉牛主要是为了生产肉类和其他产品，如皮革、药物及粪便。牛粪可用作土地的肥料，也可以制成燃料。奶牛是为了产奶而饲养的，牛奶是在世界范围内都备受欢迎的饮品，还可以用来制作冰淇淋和黄油等其他奶产品。

狗和猫：狗和猫不仅是温驯的陪伴动物，而且能在农场协助农民工作。它们可以保护牲畜不受捕食者的袭击，还能捕捉老鼠。有些经过专门训练的狗，可以辅助牧民放牧。边境牧羊犬和澳大利亚牧羊犬是农民和牧民最喜欢的两种犬种。

马：马可以帮助牧民将大群的羊和牛从一个地方驱赶到另一个地方。牧民在前头骑马，用绳子拴住牛，这样就可以给牛打上烙印或对它们进行治疗。如果牧民居住得离畜棚或畜栏很远，那么用马来辅助放牧这一点尤其重要。

猪： 这种动物除了食用，还有很多其他用途。它们的器官的工作机制跟人类很相似。现在医生可使用猪的心脏瓣膜修复人类心脏；猪皮也可用于治疗严重烧伤患者，用猪皮覆盖患者的烧伤创面，减少烧伤创面感染率。猪肉是一种常见肉类，可以用来制作火腿和培根。

家禽： 饲养这些家禽是为了获取它们的蛋、肉和其他产品。最常见的家禽有鸡、鸭和鹅。

羊： 饲养羊主要是为了获得羊肉和羊毛。羊毛可用来制作服装，例如毛衣和帽子。羊毛脂是从羊毛中提炼出来的天然油脂，可用于制药和化妆品行业，羊毛脂能制作护手霜。

猪

鸡

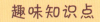

趣味知识点

科学家研究发现，霸王龙骨骼中的蛋白质结构与鸡的非常相近，鸡和霸王龙算得上"远房亲戚"。

羊

手工冰淇淋

时间
30 分钟

类别
食物

材料
全脂牛奶（1 杯）
混合奶油（1 杯）
糖（半杯）
香草精（半茶匙）
约 1 升容量的易拉式冷冻袋
约 4 升容量的易拉式冷冻袋
碎冰
岩盐（3/4 杯）
小毛巾
杯子和勺子

对于在农场饲养的奶牛，通常每天挤两次奶。来自农场的牛奶经过加工，可制成各种食品，如黄油、奶酪和美味的冰淇淋。在这堂课外活动课中，你可以在家中用牛奶亲手制作冰淇淋。制作冰淇淋的时候，想一想牛奶是如何从农场生产出来，然后进入你家冰箱的。

说明

1. 将牛奶、奶油、糖和香草精放入约 1 升的易拉式冷冻袋。将袋子密封好，避免混合物洒出。

2. 将密封袋放入约 4 升的易拉式冷冻袋中，然后在其周围填满碎冰。将盐均匀地平铺在冰上，然后拉上约 4 升易拉式冷冻袋的封口，同时尽可能排出空气。

3. 用毛巾裹住袋子，摇甩袋子 5 ~ 10 分钟。

4. 打开外层的袋子，取出装有混合物的内袋。如果 10 分钟后混合物仍然是糊状，则可能是温度还不够低。排出外袋中多余的水，再加入一些冰和盐。再摇甩袋子约 5 分钟，然后再次检查内袋的混合物。

5. 冰淇淋已经做好，把冰淇淋舀到杯子里吃个痛快吧！

➡ 可以用风味牛奶（例如巧克力或草莓口味）制作风味冰淇淋。如果使用这种牛奶，糖量要减少到 1/3 杯。准备吃冰淇淋时，还可以添加你喜欢的冰淇淋配料（例如坚果等）！

农场课外活动日记

在日记中回答以下问题：

1. 你开始摇甩 4 升袋子时，内袋的混合物发生了什么变化？

2. 你在农场还见过哪些动物？它们为人们提供了什么？

3. 画一张你了解的农场动物的图片，然后在旁边标出人们从这种动物身上获得的食物和产品。

结论

农场动物为人们提供了大部分食物，还有日常使用的产品。人们食用的非植物性食物大部分来自动物，动物为人们提供了必需的营养物质。

照顾农场动物

　　动物需要食物、水、清洁的居住环境，还需要农民饲养动物并关心、照顾它们，使其保持健康并茁壮成长。接下来详细介绍农民是如何照顾农场动物的。

　　健康：农民要保证动物们健康，没有寄生虫。农场的动物们有时也需要看医生，这些给动物治病的人叫作兽医。农民要时时刻刻关注动物的健康状况，检查动物是否有患病的迹象，检查眼睛、牙齿或脚有没有问题，甚至是否流鼻涕。有时还要帮助雌性动物繁育后代，这叫人工育种。

　　食物：饲料为动物提供所需的营养和能量。农场动物主要是食草动物，在夏季，许多农民种植干草，成熟后收割贮藏，在冬天作为春贮饲料，喂养动物。家禽喜爱吃谷类，因为谷类富含蛋白质。

关爱：对农场动物来说，满足它们的社会性需求也很重要。动物有群居的本能，喜欢成群结队地生活。与野生动物不同，农场动物是家养动物。与同类动物共同生活，它们的压力较小，情绪更为稳定。由于它们是驯养的，需要农民的保护和照顾。

庇护所：不是所有的动物都需要住在畜棚里。大多数农场动物住在户外的露天空地、牧草地或牧场上。天气恶劣的时候，动物们会待在树荫下和庇护所里。一些农场会给动物建造三面结构的庇护所，为动物们遮风挡雨。农民伯伯最需要对猪和家禽进行细心的保护，以免它们遭遇恶劣天气和捕食者的侵害。猪身上没有汗腺，所以它们需要待在庇护所里，这可以使它们保持凉爽。

趣味知识点

除了人类之外，有些动物也会被晒伤，猪就是其中之一！

制作狗饼干

时间
1 小时

类别
食物

材料
中碗
搅拌匙
牛肉或鸡肉汤（1 茶匙）
热水（半杯）
全麦面粉或通用面粉（两杯半）
盐（1 茶匙）
鸡蛋
擀面杖
刀形或骨形曲奇模具
烤盘
蜡纸或冷却架

农民为农场动物提供食物，对它们进行照顾。你也可以给你家的宠物狗制作这种美味的零食，关心并呵护它们。如果你家没有宠物狗，也可以把狗饼干送给养宠物的朋友或邻居。

提 示

➡ 尝试在配方中加入一根香蕉或大半杯南瓜泥，制成不同口味的狗饼干。

安全警示： 做狗饼干需要热水和烤箱。涉及到这部分操作时，要注意安全，请成年人帮忙。

说明

1. 准备一个中等大小的碗，用热水稀释肉汤。再加入面粉、盐和鸡蛋，搅拌均匀。

2. 将面团揉成球状，要揉约 3 分钟。

3. 用擀面杖将面团擀成约 1.3 厘米厚。

4. 预热烤箱，调至 175 ℃。

5. 将面团切成小块。用不同的模具制成不同形状的饼干，将它们放在抹了少许油的烤盘上。

6. 烤箱预热完成后，调至 180 ℃，烘烤 30 分钟，直至饼干呈金黄色。

7. 将狗饼干转移到蜡纸或冷却架上，直到它们冷却变硬。

结论

你刚刚为家里的宠物狗制作了狗饼干，与宠物一样，所有农场动物都需要农民的悉心照顾。我们照顾宠物的方式与农民照顾牲畜的方式非常相似。

农场课外活动日记

在日记中回答以下问题：

1. 狗饼干对狗的健康有什么益处？

2. 你能说出农场动物需要哪些食物吗？

鸡蛋

玉米

蔓越莓

火鸡

大豆

小麦

生菜

土豆

乳制品

麻

74

从农场到家庭

　　农业的发展关乎人们生活的方方面面，包括衣、食、住、行，家里的各种物品都离不开农业的支持。了解身边的物品都来自哪里，可以帮助你在农场和家庭之间建立有意义的联系。

　　这一章主要介绍农业系统的不同部分，并将它们与你的生活联系起来。

家中的农产品

人们每天吃的食物都来自植物或动物。下面详细介绍一些普通家庭中最受欢迎的快餐食物之一——比萨！比萨饼中的每一种配料都来源于农场。

比萨饼皮：饼皮是由小麦做的，农民在春天种下谷物的种子，秋天小麦成熟后，会收割、清洗小麦，再加工成面粉。小麦从播种到收割大约需要六个月的时间。面包店的蛋糕师将面粉、酵母、水和油按比例混合，制成比萨饼皮的面团。

比萨酱：比萨上的酱汁是由番茄制作的。农民种植番茄种子，大约 85 天后，番茄成熟。农民采摘番茄后，将其打包，用货车运到菜市场。一些番茄被送到加工厂，由工厂工人加工成罐头或番茄酱。

奶酪：乳制品是由奶牛、山羊、绵羊等动物的奶制成的。农民给动物挤奶后，进行巴氏杀菌，然后将杀菌后的奶迅速冷却。巴氏杀菌工艺可以杀死奶中的细菌，让储存和饮用奶更安全。然后将奶制成凝乳，这是一种柔软的奶油状物质。再将其切成小方块，制成块状或轮状。我们在商店购买奶酪时，商家已用塑料膜把奶酪包裹好，可以在冰箱中储存几个月。

意大利腊肉肠和香肠：这些香肠和腊肠主要是猪肉制品。加工香肠的人将猪肉与不同的调味料混合，制成香肠、意大利腊肉肠和热狗等。牛肉的加工方式跟猪肉差不多，比萨饼上可以放牛肉馅儿。

趣味知识点

意大利腊肉肠是最受欢迎的比萨配料之一。大约 36% 的比萨饼用意大利腊肉肠作为原料。

制作简易南瓜派

时间
30 分钟

类别
食物

材料
冷牛奶（2 杯）
约 4 升容量的易拉式冷冻袋
约 100 毫升速溶香草布丁混合物
南瓜
南瓜味香精（1 茶匙）
全麦饼干（20 ~ 25 块）
餐盘或餐巾纸
剪刀
搅打奶油顶饰

家中的食品源头都是农场。烤南瓜派时，想想食谱中的配料来自农场的哪种动植物。南瓜通常在秋季成熟，可以快速制成营养丰富的南瓜派。

提 示

➡ 尝试使用其他香精制作这道点心。可以在下午茶时和朋友分享。

说明

1. 将牛奶倒入冷冻袋，加入布丁混合物，然后将袋子密封。用手揉捏袋子，直到袋子里的食材充分混合。

2. 将罐装南瓜和南瓜味香精加入袋中，再次将袋子密封，同时尽可能多地排出空气。挤压并揉捏袋子，直到袋子里的食材充分混合。

3. 将全麦饼干放在餐盘或餐巾纸上。

4. 剪掉冷冻袋的一个底角，将适量南瓜馅儿小心地挤到每块饼干上。

5. 在每块南瓜派上涂抹鲜奶油，然后就可以尽情享用你的美食啦！

结论

你刚刚用几种配料做了一道简易南瓜派零食。农民在大片土地上种植南瓜，采摘南瓜后可以用它做馅饼、面包和汤等。其他食材也都来自农场的动植物。

农场课外活动日记

在日记中回答以下问题：

1. 列出简易南瓜派的配料，每种配料的来源是什么？

2. 说出你家中最常见的三种食物，指出食物中各种配料来自农场的哪种动物或植物。

认识家中的农副产品

由农业生产所带来的副产品，统称为农副产品，例如，花生油是花生的副产品。

植物可以用于生产各种农副产品，家畜也一样。有一种说法，除了"哞哞"的牛叫声和"哼哼"的猪叫声，家畜的一切都可以用来生产人们需要的农副产品。接下来介绍常见的农副产品。

牛类副产品： 牛皮和牛毛可用来制作鞋子、行李箱、钱包、棒球手套、足球、小提琴弦、钱包和汽车内饰等。牛骨头和牛角可用来制作钢琴键、刀柄、维生素胶囊、口红和梳子。牛的用途相当广泛。

棉花： 棉花不仅用于制作牛仔裤、床单、浴巾和袜子，还可以制作用于印钞的纸张以及其他服装和家用纺织品。棉花的种子可以榨成棉籽油，用于烹饪、生产化妆品和肥皂等。棉绒是加工棉花后剩下的绒毛，通常用于生产医疗用品（棉球和棉签等）。

牛皮可用来制作
棒球手套

棉花用于制作
纸币等

玉米：人们喜欢吃成熟的甜玉米，玉米粒可用来生产爆米花，还可以用来生产动物饲料并加工成玉米淀粉。玉米淀粉可用来制作婴儿食品、胶水、除臭剂、橡胶轮胎和火花塞等。玉米也是人们生活中不能缺少的原材料。

大豆：大豆用于生产柴油发动机使用的生物柴油燃料，还用于制作家用地毯、汽车内饰、蜡烛、大豆油墨和蜡笔等。

猪类副产品：猪的心脏瓣膜可用于替换病人受损的心脏瓣膜，猪皮可用于治疗人体烧伤。猪的副产品还可用于生产胰岛素、纽扣、胶水、防冻剂、粉笔等。

牙膏含有从玉米中
提取的成分

大豆可用于
制作蜡烛

扫码获取
☑ 奇趣科学馆 ☑ 爆炸实验室
☑ 知识测评栏 ☑ 教育方法论

猪的副产品可以
制作蜡笔

农场奇妙珠

时间
30 分钟

类别
创意

材料
毛线（任何颜色）
各色珠子

　　农场提供给人们食物和日用品。"农场奇妙珠"是一种串珠手链，可以佩戴在手腕上，提醒你农场在我们生活中的重要性，以及有多少产品源自农场。

说明

　　1. 截取长度适合的毛线，你拿起毛线的一端，将彩色珠子串在毛线上。可以按照你选择的顺序放置珠子。

　　2. 每颗珠子代表一种农场植物或动物。例如，白色代表棉花、黄色代表玉米或小麦、绿色代表蔬菜，按你的想法赋予珠子不同的含义。

　　3. 穿完珠子后，将毛线闭合成一个圆圈，使两端扭结在一起，然后将手链戴在手腕上。

农场课外活动日记

在日记的一页上画表格，在表格栏上标注农场动植物的名称：玉米、棉花、奶牛、猪、大豆和木材。将你卧室中物品的名称写在可以制造出这些物品的动植物右边。

原料	用途
玉米	
棉花	
奶牛	
猪	
大豆	
木材	

结论

人们每天都使用大量的农副产品。手链上的每颗珠子代表一种农场植物或动物，以及由植物或动物制成的农副产品。

农业将世界凝聚在一起

想想你喜欢吃的汉堡、炸薯条、巧克力冰淇淋或比萨上的菠萝，如今，这些食物都非常普遍，但在 500 年前，世界上很多地方都没有菠萝、土豆或洋葱！很早以前食品供应链是区域性的，比较封闭。例如，在北美，人们有土豆吃，但没有牛肉吃。

我们现在吃的许多食物都来自世界各地，来自不同文化背景的人们的辛苦劳作。现在由于农业机械化的普及，农机大大提高了农民的生产效率和农作物产量。阅读以下表格，看看你喜欢的食物源自哪里。

世界各地的牲畜		
动物	原产地	现今主要的生产地区
鸡	中国、印度	美国、中国
猪	西南亚	中国、德国、美国
马	乌克兰	美国、墨西哥、中国
绵羊	中东、中亚	中国、澳大利亚、印度

世界各地的作物

作物	原产地	现今主要的生产地区
香蕉	马来西亚	亚洲、南美洲
萝卜	阿富汗	中国、美国
咖啡豆	埃塞俄比亚	非洲、亚洲、南美洲和中美洲
棉籽	南亚	巴西、印度、美国
葡萄	土耳其	法国、意大利、美国
橄榄	地中海地区	地中海地区、北非、南美
橘子	巴基斯坦	巴西、中国、美国
大米	印度	亚洲
大豆	中国东北地区	阿根廷、巴西、美国
甘蔗	印度	巴西、中国、印度
西瓜	非洲	中国、土耳其
小麦	土耳其	中国、印度、俄罗斯

从果核中再生植物

时间
30 分钟，然后每天观察几分钟

类别
观察，植物

材料
牛油果、菠萝或土豆
牙签
毛巾
广口罐、玻璃杯或碗
水
小刀
花盆和泥土

说明

1. 种植牛油果：取出牛油果的核，用冷水冲洗干净。用毛巾擦干果核，核尖朝上，将四根牙签插入果核四周，间隔均匀。用罐子、玻璃杯或碗装满足量的水，将果核放在罐子或杯子口上，当开口处的牙签保持平衡时，果核的下半部会浸泡在水中。将容器放在阳光充足的地方，1～2 天换一次水。3～6 周，果核的顶部会渐渐裂开。大约 3 个月后，牛油果幼苗能长到 18～20 厘米高，然后可以将其移植在 25 厘米深的花盆中进行土培。

2. 种植菠萝：请成年人帮你切掉菠萝的冠部，剥去叶冠底部周围的叶子，露出部分茎，在不破坏茎的情况下，去除果肉防止其腐烂。菠萝果肉部分可以和家人一起食用。将 3～4 根牙签插入菠萝冠底部，就在叶子被剥开区域的正上方。把菠萝冠顶放在罐子上，然后加入足量的水，浸没罐中菠萝冠的底部。把罐子放在阳光充足的地方，每 2 天换一次水。一周后会长出新的根系，还会长出绿叶。根系长好之后可以移植到庭院中，一棵菠萝树可能需要 2 年的时间才能结果。

3. 种植土豆：把土豆切成两半，确保每一半至少有一个或两个芽眼。将土豆块在室温下静置一夜，直到切开的部分变干。将两个土豆块相距 10 厘米，放入装有约 20 厘米深泥土的花盆中，切面朝下。保持泥土湿润，如果土豆块暴露在外，则要加泥土完全盖住土豆块。几天后，土豆块会长出绿芽。切块土豆会在新的植株开花后枯萎。观察新长出来的土豆，如果足够大，就可以挖出来食用，如果还很小，就让它们在泥土中多生长几天。

结论

一些植物从根系生长，而另一些植物则从叶子生长。植物只有在合适的土壤、光照、温度和气候条件下才能生长。农民要了解种植植物的最佳条件。

提 示

➡ 还有很多植物可以重新生长，你能列举几种植物吗？

农场课外活动日记

在日记中回答以下问题：

1. 为什么植物重新生长很重要？

2. 植物重新生长时，你观察到了什么？

照顾好我们的地球

我们要照顾好自己的身体，比如吃健康的食物、保持良好的卫生习惯、多锻炼。同样，农民也要做很多工作来照顾农场中的植物和动物。这保证了农产品的质量，为人们提供新鲜的粮食、果蔬和其他产品。如今，科学家也在研究如何使农业与自然环境更加协调地发展。

农作物能否获得丰收取决于多个因素：阳光、空气和水，以及种子、土壤、营养物质等，农作物在富含养分的土壤中才能茁壮成长。农民使用动物粪便和堆肥（腐烂的植物残骸等）使土壤更加肥沃。通过种植某些作物，如大豆，可以将植物必需的氮返回土壤。化学肥料含有不同类型土壤所需的养分。

农民还会轮种作物，也就是不会在同一块土地上年复一年地种植相同的作物。不同的作物从土壤中吸收的养分也不同，如果一直种植同样的作物，一些养分会被耗尽，使土壤劣质化，轮作可以防止这种情况发生。免耕是一种保护性耕作，是农民通过减少耕作来保护土壤的一种方式。

只需使用添加了重要养分的水，人们就可以成功种植一些水果和蔬菜。这种种植方法被称为"水培法"，应用日益广泛。有了这个培植系统，人们可以在"水培塔"中垂直种植，可以在更小的空间里种植更多的植物。

精准农业技术包括利用 GPS（全球定位系统）测绘和无人机施用杀虫剂和化肥，如今农民采用精准农业技术增加产量、降低生产成本并减少化学肥料的使用，有助于保护环境。

随着科技的进步，现在奶牛生产 1 千克牛奶所需的饲料比 30 年前减少 40%。对于人类来说，30 年可能有些漫长，但在农耕历史中，30 年实在太短暂了，不过是弹指一挥间。

趣味知识点

每年，成千上万的树木被种植在农田里。这是"退耕还林"，为野生动物提供栖息地，同时保护土壤不会受到风沙的侵袭，使庄稼不会受到恶劣天气的影响。

制作简易堆肥

时间

30 分钟，每天观察，持续 30 天

类别

设计和建造，观察

材料

土壤
2 升容量的塑料瓶
可制成堆肥的材料
装满水的喷壶
胶带

据统计，美国人每天扔掉的食物足以填满一个有 90,000 个座位的足球场！堆肥是人们减少浪费，一起改善环境的方式。堆肥是分解的有机物，这堂课外活动课教你如何制作堆肥。

提 示

➡ 并非所有有机材料都可以制成堆肥，好的堆肥材料是水果和蔬菜残渣、蛋壳、咖啡渣、树叶、报纸和咖啡滤纸等。切勿将肉、骨头、乳制品和油等制成堆肥。

安全警示：请成年人切掉 2 升容量塑料瓶的顶部并撕下标签。

说明

1. 在塑料瓶底部填装 2 ~ 3 厘米厚的泥土，然后放置一层可制成堆肥的材料。土壤层和堆肥层交替放置，直到接近瓶子的顶部。

2. 用喷壶中的水润湿塑料瓶中的混合物。

3. 将塑料瓶的顶部重新用胶带粘在塑料瓶上，并将塑料瓶放在阳光充足的地方。

4. 如果塑料瓶内部凝结了水珠，则取下顶部使其干燥；如果塑料瓶内的混合物变得干燥，就加少许水。

5. 每天转动塑料瓶，如混合物变成棕色、比较松软时，堆肥就做好了，这个过程大约需要 30 天。

6. 将堆肥撒在你的盆栽中，和土壤混合到一起，为你的植物提供养分。

农场课外活动日记

在日记中回答以下问题：

1. 随着时间的推移，你注意到堆肥中发生了什么变化吗？

2. 一个月后堆肥的情况如何？

3. 添加堆肥的盆栽有什么变化吗？

结论

回收食物残渣制成堆肥，这是一种可持续发展的环保方式。这堂课外活动课展示了如何减少食物浪费及食物可以被回收再利用。

作者简介

　　唐·亚历山大，从事小学教育已有35年，居住在美国俄勒冈州中部。她年轻时的大部分时间都在美国内华达州里诺郊外的一个牧场度过，参加了美国青少年发展组织和内华达州"少年赫里福德计划"。

　　她积极推广农业知识，并荣获美国国家农业课堂组织颁发的"2019年农业卓越教学奖"。她还因在数学和科学教学方面的卓越表现获得了"总统奖"。她和丈夫罗恩结婚28年，婚后育有一子库珀。

鸣谢

　　感谢我的父母丹·亚历山大和玛丽·亚历山大。在父母的激励下，我对农业研究的热情与日俱增。感谢我的丈夫罗恩和儿子库珀，还有我的其他家人，感谢他们始终如一、无条件支持我的事业。

　　还要感谢农业社区理事长苏·霍夫曼、杰西卡·詹森和农业课堂组织的其他相关人士，感谢他们的指导。感谢美国俄勒冈州德舒特县农业局对我的农业科普工作提供支持，感谢我的教学生涯中所有的同事和学生。

　　最后，向所有种植粮食果蔬、养殖牲畜家禽的农民和牧民致敬，你们是我心中的英雄。